PREMIER
LIVRE
D'ARCHITECTVRE
DE IAQVES FRANCART.
Contenant diuerses
inuentions de portes
seruiables á tous ceux
qui desirent bastir.
&
pour sculpteurs, tailleurs
de piéres, escriniers,
massons et autres,
EN TROIS LANGVES.
auec grace et priuilege
de sa Maiesté tres=
cristienne, signé
de Verneson.
1617

SERENISSIMO ET POTENTISSIMO
ALBERTO
ARCHIDVCI AVSTRIÆ,
DVCI BVRGVNDIAE
BELGARVM PRINCIPI, &c.

SERENISS. Princeps, Non dubium eſt, Regna cunctaſ́que Ciuitates auſpicijs Principum ſuorum regi diſponiq́ue , & vt quæq́ue magnos nacta ſint, ſcientijs magis & artibus florere. Si quis tamen inficiari con-trà audeat, hùc eum adcio & exemplum propono. Nimirùm auſpicijs *Celſitudinis veſtræ* hic artes omnes creuiſſe videbit ac voto. Vt reliquas taceam, de Architecturà mihi pauca dixiſſe ſufficiet. Neque tamen hîc verbis opus. Teſtantur machinæ moleſ́que templorum, monaſteriorum & ædium, quid ſplendoris huic vni ſcientiæ attulerit præſentia veſtra : partim priuato vſui, partim pu-blico , ſummâ munificentiâ & maieſtate exſtructæ. Vt iam nulli mirum videatur *Bruxellam* excreſcere, in quâ tot artifices liberalitate Principis conuocentur : quibus otioſis eſſe nec datur nec licet. Dicamnè ? benignitas hos, illos ſcientiæ ardor ceſſare non patitur. Vtrumq́ue me certé mouit. Cùm enim & me familiæ veſtræ adſcriptum noſcerem, ſolus tacere nec debui, nec volui. Quaré nulli iam audax hoc meum in-ſtitutum videbitur, quia debitum agnoſco. agnoſcere autem candor ſuaſit ac natura. Ergó Portas aliquot in lucem proferre deſtinaui, ſi fauor *Celſitudinis veſtræ* , auguſto nominis ſui titulo opuſculi frontem illuſtrari permittit, quò a liuore vindicetur. Sic non verebor ne quid impugnent maleuoli, quia in nomen veſtrum iniurij eſſe non poſſunt. Accipe igitur *Princeps Sereniß.* hoc qualecumq́ue clientis noui opuſculum, & inuictæ mentis tuæ iudicio, officium diſtingue & debitum. Ego de munuſculi tenui-tate non ſollicitor : Portæ ſunt, aditum ſtruo. Intereà quod laboribus meis deeſt , voto ſuppleo, precorq́ue Deum Opt. Max. vt *Celſitudinem veſtram* , vniuerſo *Belgio* mihique diu ſeruet incolumem.

SERENISSIMAE CELSITVDINIS VESTRAE

Humillimus ſubditus

IACOBVS FRANCART.

AD LECTOREM

LECTOR, Vanum duxi de Columnis earumque proportionibus multa contexere; quod Vitruuius a'ijq̓, satis ostenderunt. Mihi suffecerit necessaria quædam adducere vt me hîc intelligas. Licet verò notum sit, quid sit Porta, sic eam describo, vt sit Apertura necessaria, quâ commodus itus & reditus sit in vrbem, templum, domum &c. Cuius magnitudo excrescet, vt lubet dummodò loco correspondeat. Nimirum censuram, omnem euitandam scio, nec quicquam Myndios excusem. Vt autem ornamenta aptè loces, ex proportione Hypothyri quære. nec ignoro decorem in aptâ structurâ totius concinnitate præcipuum esse; sed nec desunt, quæ non-parum gratiâ operi addant, vt columnæ, bases epistylia, zophori, coronides & frontisspicia. quæ singula etiam suum ornatum habent. His adde tabulas, volutas, proceres, rosas & similia tàm marina, quàm terrestria: quæ locis vacuis conueniunt, verbi gratiâ, triangulis frontisspicij inter columnas & arcus, & ijs quæ profunditatem requirunt. Nam ornamentorum natura quæ plures vmbras reddunt, hæc est, vt magis oculis se subducant, & longius abesse videantur. Quarè cauendum, ne similia in eminentibus & quæ se plus oculis ingerunt, committantur. Vidi nec vno loco fabricas plures sine delectu & iudicio hoc ornatas: Quibus hoc meritò euenit, vt nec distantes opus discernant, nec quicquam præter operis molem laudent. Et præterquam quod in similibus pulueri & araneis locus sit, dominum insuper expensarum grauant, & opus tardant. Ego hîc Portas octodecim propono, quarum ornatum aduerte, vt quæ placuerit, tibi sumas: sin minus, decorem in alijs debitum deprehendas. Adiunxi ornamenta quædam, eorumque proportiones, quæ hinc illinc substitues, vbi libuerit. Et quia presens opusculum oratione prolixâ non eget, concludo. Interea si gratos hos meos labores aduertero, qui restant, crescent. Vale.

***

AV LECTEVR.

BEning Lecteur, Pour ne vous estre prolixe, i'ay laissé de traicter des colonnes & leurs proportions, m'imaginant que celà est assez demonstré par Vitruue, & autres bons autheurs modernes; pourtant vous diray ce qui me semble estre necessaire pour l'explication de ce premier liure. en lequel ie monstre seulement, comment l'on peut orner portes de maisons & celà plus par effect ou figures que par parolles. Et combien qu'on sçache ce qu'est vne porte, neantmoins diray-ie que Porte est vne ouuerture necessaire, par laquelle on entre & sort aisement d'vne Ville, Eglise, maison &c. La capacité de laquelle se fera grande le plus qu'il sera possible, conforme à la grandeur de la place. Se gardant neantmoins de tomber en censure, comme * ceux de Mynde. les ornemens s'applicqueront selon la proportion de l'ouuerture de la porte. Et encores que la bonne proportion d'vn edifice soit le principal ornement d'Architecture, auons neantmoins particuliers ornemens, dequoy nous ornons les edifices, asçauoir colonnes, bases, chapiteaux, architraues, frises, cornices, frontispices.

Lesquels

Lesquels membres ont chacun leurs particuliers ornemens. Hors d'iceux auons
plusieurs autres, comme tablettes, cartelles, rouleaux, festons, roses & autres fueil-
lages, & infinité de choses tant marines que terrestres. Lesquelles s'applicquent aux
places vuides, comme aux triangles entre les arcs & colonnes au tympan, & aultres lieux qui requirent enfoncement. Car le naturel des ornemens qui donnent pe-
tits ombrages, est de se monstrer esloignez à la veüe : voilà pourquoy qu'il se fault
bien garder d'applicquer de tels ornemens aux choses qui doibuent venir premieres a
la veüe. Comme i'ay veu en diuers lieux, plusieurs edifices si fort remplis de tels ornemens, que l'on ne pouuoit iuger a 30. pas de là, ce que la chose estoit, & estoient si remplis de pouciere & araines (lesquelles aydent a donner obscurité) que ce qui deuoit
venir audeuant, se monstroit derriere. De plus portent cest inconuenient, de char-
ger le Seigneur de la fabrique de grands frais, & de retarder l'ouurage. Ie vous ay icy
mis 18. portes de mon inuention, par lesquelles pourrez voir, comment on peut
orner les portes des maisons. I'ay mis aussi vn fueillet auquel trouuerez quelques
generalles grandeurs pour applicquer les ornemens. Et pource que cest œuure est pe-
tit il n'a besoing de grand discours. Mais s'il est receu de bonne volonté ie feray les
aultres volumes plus amples.

※ ※ ※

TOTTEN LESER.

BEminde Leser. Om v niet moeyelijck te vallen / en heb ick niet willen spreken van colomnen ende
haer proportien / meynende dat het ghenoech bethoont is door Vitruuius ende andere nieuwe
schrpuers. Daerom sal ick alleen segghen / d'welck my nootsaeckelijck dunckt tot vuytlegginghe van
desen eersten boeck / in den welcken ick alleen bethoone hoe ende in wat manieren men die Poorten van huysen
chireten can / ende dat meer door die figuren als door veel woorden. Ende al ist datmen wel weet / wat eene
poorte is / sal ick nochtans segghen / Een Poorte is eene nootsaeckelijcke openthept door welcke men can
ghemackelijck een Stadt / Tempel / huys &c. vuyt ende in gaen. De welcke men soo groot maecken sal / als-
men can / naer aduenaut die plaetse. Hem nochtans wachtende / niet begrepen te worden / ghelijck die van
Mijndus / die ornamenten salmen vueghen naer proportie vande openthept der Poorte. Ende al ist saken dat het principaelste ciraet vande Architecture gheleghen is inde goede proportie van het gheheel ghe-
bouw ; zijnder nochtans besunder ornamenten / waer mede men die bouwinghe verchiert / als zijn colomnen / basen / capitaelen / frisen / cornissen / frontisspice oft coronement : Welcke leden elck hun besunder chiraten hebben. Buyten dese hebben wy noch ander verchiersels / als schrpfberders oft
cartellen / crollen / festons oft frutaisien / roosen / loif-bladeren / ende veel andere dinghen
soo vuyter Zee / als aerde / de welcke men ghebruycken sal inde poele plaetsen / ghelijck
inde drp-hoecken die tusschen die colomnen ende die boghen comen inde frontisspice op t'pan-
neel oft tympano : ende noch ander plaetsen die welcke verdiepinghe verepsschen. Want die nature
vande chiraten die veel cleyn schaduen gheuen / is / hen achterwaerts ende dieper te thoonen int ghesicht.
Hier om ist datmen hem wel moet wachten van dusdanighe chiraten te stellen aen dinghen de welcken /
verepsschen voorwaerts te commen. Ick heb in diuersche plaetsen ghesien sommighe bouwinghen soo
veruult met dusdanighe chiraten / datmen van 30. screden verre nyet en coste oordeelen / wat dat het was :
ende waeren soo vol stof ende spinnekoppen / dat het ghene dat voorwaerts moeste schijnen / schijnde achterwaerts te gaen. Hier en bouen bringhen zy dit achterdeel dat zy den bouw-Heere in grooten costen
bringhen / ende het werck verspaden. Ick hebbe hier van mijn inuentie ghestelt achtien Poorten voor huysen. Inde welcke sult sien hoemen die Poorten verchiren can. Heb oock bygevueght een blat met sommige generale grooten oft spatien waer in die chiraten tot die Poorten ghestelt sullen worden. Ende om dat dit
boecxken cleyn is en heeft het gheen lanck propoost vandoen. Maer ist saken dat het aenghenaem is / sal
ick mijn ander boecken vermeerderen. Vaert wel.

VViens Stadt-poorten groot vvaeren ende huysen cleyn vvaerme-de Dio-genes lacchēde, tot hen-lieden riep, doer de poor-ten toe dat de Stadt niet vuyt en loopt.

Dixi *Portas aliquot secundùm magnitudinem augeri posse vel minui. Sed ne magnitudo hæc quibusdam nimis excrescat; eam ad pedis vel sesquipedis (ad summum) mensuram extendo: & hoc in latitudine, in altitudine proportio seruanda est. Ratio est, quia nec coronix nec aliud membrum portæ v. g. decem pedum altæ, portæ pedum quindecim conuenire debet, licet iusta proportio sit in omnibus : quod alibi latius ostendam. Sciendum etiam quod coronices quædam non tantum in profilo (in quo eminentiam ab ante videre est) profiliant, quantum in orthographiâ, quia ita & lapidibus parcimus, & a maioribus proiecturis cauemus. Quod ichnographia, orthographia & profitum non-omnino inter se quadrent, excusa sculpturæ vitium. quare etiã non iam circinus, sed melius numeri adscripti seruient. quos tamen nonnulli, quasi minutos nimis, culpabunt: vt quando exempli gratiâ reperient $\frac{39}{120}$ & $\frac{11}{16}$ & similes. Sed hoc eò feci, quod rem totam ex parte vnâ integrâ mihi imaginarer. licet fieri non soleat. Et non ignorans, quod iuncturæ requirantur, beáq̃ minutia vix reperiri possint, fractionibus dictis te iuua: sumendo loco $\frac{39}{120}$ quadrantem pollicis, & loco $\frac{11}{16}$ tres quadrantes pollicis, & sic de cæteris. Iuuaberis etiam mensurâ arbitrariâ si dictas portas dilatare voles: v. g. si portam pedum quinque sesquipede augeri vis (fient sex pedes & medius) lineam facies, diuidens in partes quinque. quarum quamlibet aut pedem dices aut potius modulum: quem deinde diuidens in partes vndecim, dices quamlibet àut pollicem aut partem moduli. Hoc etiam modo dictæ portæ possunt minui, non vlterius de calculatione quam dictæ portæ præferunt, laborando. Iuncturas bene distribuere, expertium latomorum est. queis tamen consulo, vt latitudinis, altitudinisq̃ tantum ab vno, quantum ab altero latere largiantur.*

ADVERTISSEMENT.

Parce qu'en cest œuure, en aucuns lieux ie parle d'aggrandir & ramoindrir aucunes portes : ie dy que celà se peut bien faire : mais d'autant qu'aucuns pourroient prendre celà trop largement, ie vous aduerty, que i'entend l'aggrandissement seulement d'vn pied en largeur, ou pied & demy au plus, & en hauteur en proportion. Et celà a cause qu'vne cornice ou autre membre appertenant à vne porte de dix pieds de haut, n'est conuenable à vne de quinze, encor qu'ils soient aggrandis en proportion.

Encor deuez scauoir, qu'aucunes cornices n'ont tant de saillie ou proiecture sur le perfil (lequel monstre la saillie par deuant) comme sur l'orthographie ou face, & celà pour espargner la pierre, & pour euiter les grandes proiectures.

De plus il vous plaira d'excuser si l'ichnographie, l'orthographie, & le perfil n'accordent si tres-iustement ensemble. Celà est aduenu par l'incorrection de la grauéure. Pourtant ne vous deuez amuser a mesurer auec le compas: ains vous vous gouuernerez selon les nombres. Lesquels ie scay fort bien qu'à aucuns sembleront vn peu trop menusez & brisez, y trouuant par exemple $\frac{39}{120}$ & $\frac{11}{16}$ & autres semblables. Celà ay-ie faict, pource que ie m'imagine la chose d'vne piece, ce que ne se faict. Et scachant fort bien qu'il faut de ioinctures, & que ces petites parties sont quasi impossible de trouuer, pourtant vous vous pourrez seruir desdictes fractions, en prenant pour $\frac{39}{120}$ vn quart de poulce, & pour $\frac{11}{16}$ trois quarts de poulce, & consequemment pourrez faire des autres.

L'on se pourra aussi seruir d'vne mesure arbitraire pour aggrandir lesdictes portes, a scauoir, si l'on veut vne porte de cinq pieds allargir de pied & demy (feront six pieds & demy) on faira vne ligne de ceste mesure : laquelle on diuidera en cinq, & on dira la cinquiesme partie estre vn pied, ou vrayement vn module, lequel on diuidera en onze, & on dira chascune partie estre vn poulce ou vne partie de module. Et de telle façon se pourront aussi diminuer lesdictes portes, sans prendre la peine d'en faire autre calculation que celles qu'on trouue sur lesdictes portes.

Ie laisse la iuste distribution des ioinctures, aux experts tailleurs de pierres, ausquels ie
conseille neantmoins d'en faire autant d'vn costé, comme de l'autre en hauteur, & le
mesme en largeur.

VVAERSCHOVVVINGHE.

Ck heb in diuersche plaetsen van dit borcrken ghesproken van sommighe poorten te grooten oft te mindren/
d'welck men mach doen : maer om dat dese vergrootinghe niet te verre en soude ghetrocken worden / heb v. l.
willen waerschouwen / dat ick de vergrootinghe maer en verstaen tot eenen voet / oft ten hooghsten tot eenen
voet ende eenen haluen inde breedde / ende inde hoochde naer proportie / ende dit om redene : want een cornice oft
eenich ander lidtmaet dienende tot een poorte van thien voeten hooch / en behoort niet te dienen tot eene van vpf-
thien voeten / ia alwaert saecken datse naer proportie waren vergroot. d'welck ick meer wtlegghen sal in d'ander
boecken.   Oock moet ghy weten / dat sommige cornicen niet sulcken wtsproncksels en hebben in t'perfil (dwelck
d'wtsprincksels van voor verhoont) als ind' orthographie/ ende dat om den steen te sparen / ende hem te behueden
vande groote wtsproncksels.   Noch suldy excuseren dat die ichnographie oft plant / d'orthographie oft t'voor-
ghesicht / ende het perfil niet soo heel wel tsamen ouer een en comen / want dat comen is door d'incorrect snyden.
Soo dan en suldy v niet bekommeren om met den compas te meten / maer suldy v dienen met het ghetal. al ist
dat ick wete datter eenighe sullen segghen/dat het te seer ghebroken is/ beuindende by exempel $\frac{32}{43}$ ende $\frac{3}{7}$ ende
noch andere van ghelijcken. Maer dat heb ick ghedaen/ al oft die dinghen van een stuck waeren; d'welck nochtans niet en gheschiet. Ende wel wetende datter t'samen-voechsels moeten commen / ende datmen dese cleyn deelen
qualijck can vinden : soo suldy v dienen mette voors. ghebrokenen / nemende in plaetse van $\frac{32}{43}$ een vierendeel van
eenen duym / ende in plaetse van $\frac{3}{4}$ dry vierendeelen van eenen duym / en alsoo suldy met diergelijcken voortgaen.
    Men mach hem oock behulpen om dis voors. poorten wyder te maecken / nemende een arbitraire maete.   Te
weten/wile men een poorte van vpf voeten/eenen voet ende eenen haluen wyder maecken(maecken t samen ses voeten ende eenen haluen) salmen van dese maete een linie maecken / de welcke men deylen sal in vpff / segghende dat
het vpffste deel eenen voet is oft moduel/d'welckmen deylen sal in elff/ende segghen dat elck deel eenen duym is/oft
een deel van het moduel. Ende soo canmen oock die voors poorten vercleynen/sonder moeyte te doen om ander
calculatie te maecken / hem dienende met die die op de poorten gheschreuen staen.
De iuste wtdeelinghe oft distributie vande ioincturen oft vueghsels / laet ick aen goede ende experte Steen-
houwers / den welcken ick nochtans raede / dat zy elcke syde euenvele voechsels gheuen / soo inde hoochde / als
inde breedde.

APPROBATIO.

Os infrascripti vidimus & perlegimus has figuras & ideas hoc libro primo contentas, &
eas prælo dignas iudicamus, tanquam huic tempori congruas, & humano ingenio accom-
modas, & nihil continere quod Religioni Catholicæ Apostolicæ & Romanæ, bonisáq moribus sit
contrarium. Datum Bruxellæ 21, Nouembris 1616,

HENRICVS SMEYERS S. Th. Licent. Scolasticus
Bruxellensis, & Pastor Ecclesiæ S. Iacobi in Frigido monte.

PRIVILEGE.

Ar priuilege spécial accordé de leurs Altesses Sereniss. il est permis à Iaques Franc-
quart de choisir tel Imprimeur iuré qu'il voudra, pour imprimer, vendre, distribuer,
tant dedans que dehors cet Estat, *le premier liure d'Architecture, contenant diuerses inuentions
de Portes, &c.* & ce iusques au terme de six ans entiers, & consecutifs apres la premiere
edition, auec defence à tous autres de l'Imprimer, ou ailleurs imprimé icy vendre, comme plus a plein est contenu & declaré és lettres sur ce depeschées à Bruxelles le 20. de Fe-
urier l'an 1617.

De VVitte.

Ypothyri spatio reperto, vide quid superfit ornamentis applicandis. minimum spatium quod dare poteris (diuides autem portæ latitudinem in partes septem) partem septimam esse velim. hinc vnam pilæ collaterales requirent: vnam limen superius: sicque formam antepagmentorum efficies, superaddendo tamen decimam-quartam partem latitudinis totius osty; vt in exemplis annexis videre est. Maximum verò spatium erit, vt totam portæ latitudinem des & ab vno & ab altero latere: item & superius tantundem, insuper latitudinis medietate additâ: in quo spatio ornamenta locabis. Hic fastigium intra pones. Inter hæc duo spatia, medium quoddam seruo: sc. vt diuidam latitudinem portæ in duas partes, locando vnam medietatem ab vno latere, alteram ab altero: superius item tantundem, & quartam insuper partem latitudinis totius: Nec hic frontispicium comprehendendum est, quia illud superadditur. Inter hæc tria spatia poteris & alia eligere, vel maiora vel minora sumendo, & variando vel altitudinem eorum vel latitudinem: dummodo duo extrema non excedas, & ad locum aduertas. Sunt etiam Portæ sumptuosiores, quæ vel alas habent vel sustentacula, sed quia proportiones has excedunt, secundo libro reseruamus.

Yant trouué la grandeur de l'ouuerture de la porte, verrez combien d'espace vous reste pour appliquer les ornemēs. Le moindre sera de partir la largeur de la Porte en sept: & d'vne partie en fairez les pilastres collateraulx, & d'vne le sueille d'en-hault. Lesquels ainsi ioincts, feront la forme d'vn chassis (de Vitruue appellé *Antepagmenta*) surquoy adiousterez la quatorzieme partie de la largeur de la porte. comme il appert aux exemples suiuants. Le plus grand espace sera, que l'on donne la largeur de toute la Porte d'vn costé & aultant de l'autre: & au dessus de la Porte autant, & de plus la moitie de la largeur: auquel espace appliquerez vos ornemens, selon vostre vouloir, & au dedans de cest espace metterez le frontispice. entre ces deux espaces i'ay mis vn troisieme, c'est que l'on diuise la largeur de la porte en deux, & vne partie metterez à vn costé & l'autre à l'autre. & au dessus en metterez aütant, & de plus la quatrieme partie de toute la largeur de la Porte, sans y comprendre le frontispice. Lequel metterez au dessus. Entre ces trois espaces en pourrez choisir d'autres, vous inclinants vers la moindre ou plus grande, les alterans en haulteur ou largeur, pourueu que n'excediez les deux extremes, vous accommodans selon la place. Ils se font encores des portes plus enrichies d'ornements, ausquelles on adioinct des ailles ou ferets en maniere de soubstiens: lesquelles excedent à ces proportions & les monstreray au second liure.

Heuonden hebbende die wijdde vande Poorte / soo suldy sien wat plaetse ghy hebben sult om die chiraten te stellen. die minste spatie sal zijn die breede des Poorte ghedeylt in seuen / ende een seuenste deel suldy nemen voor elck syde-pilaster / ende oock soo veel voor den ouerdorpel / d'welcke t'saemen maecken sullen een Raem / van Vitruuio Antepagmenta ghenoempt. bouen d'welcke ghy vueghen sult een vierthienste-deel van de breede des Poorte / ghelijck men inde naervolghende exempelen can bemercken. die meeste spatie sal zijn / die gheheele breede des Poorte ghestelt ouer elcke zyde / ende oock bouen suldy stellen die gheheele breede / ende noch die helft meer. In welcke spatie ghy die chiraten stellen sult / naer uwen wille: maer binnē dit suldy stellen het frontispice oft coronement. Tusschen dese twee spatien neme ick de derde / te weten / datmen deyle de breede vande Poorte in tweeen / ende setten d'een helft aen d'een syde / ende d'ander aen d'ander syde. Ende bouen oock een deel / ende daerenbouen het vierendeel vande geheele breede des Poorts / sonder nochtans daer inne te begrijpen het frontispice. d'welck hier bouen wordt gestelt. Tusschen dese drye spacien moecht ghy andere maecken / v geuende tot die minste oft meeste spacien / byvueghende inde hoogde ofte breede naer gelegentheyt des plaetse / toe-siende buyten die twee extremen niet te gaen. Men maeckt oock Poorten die Rijckelijcker verchiert zijn / die welcke met vleugels oft feretten beset zijn / die buyten dese proportie seer gaen. Waer af ick inden tweeden boeck spreken sal.
23

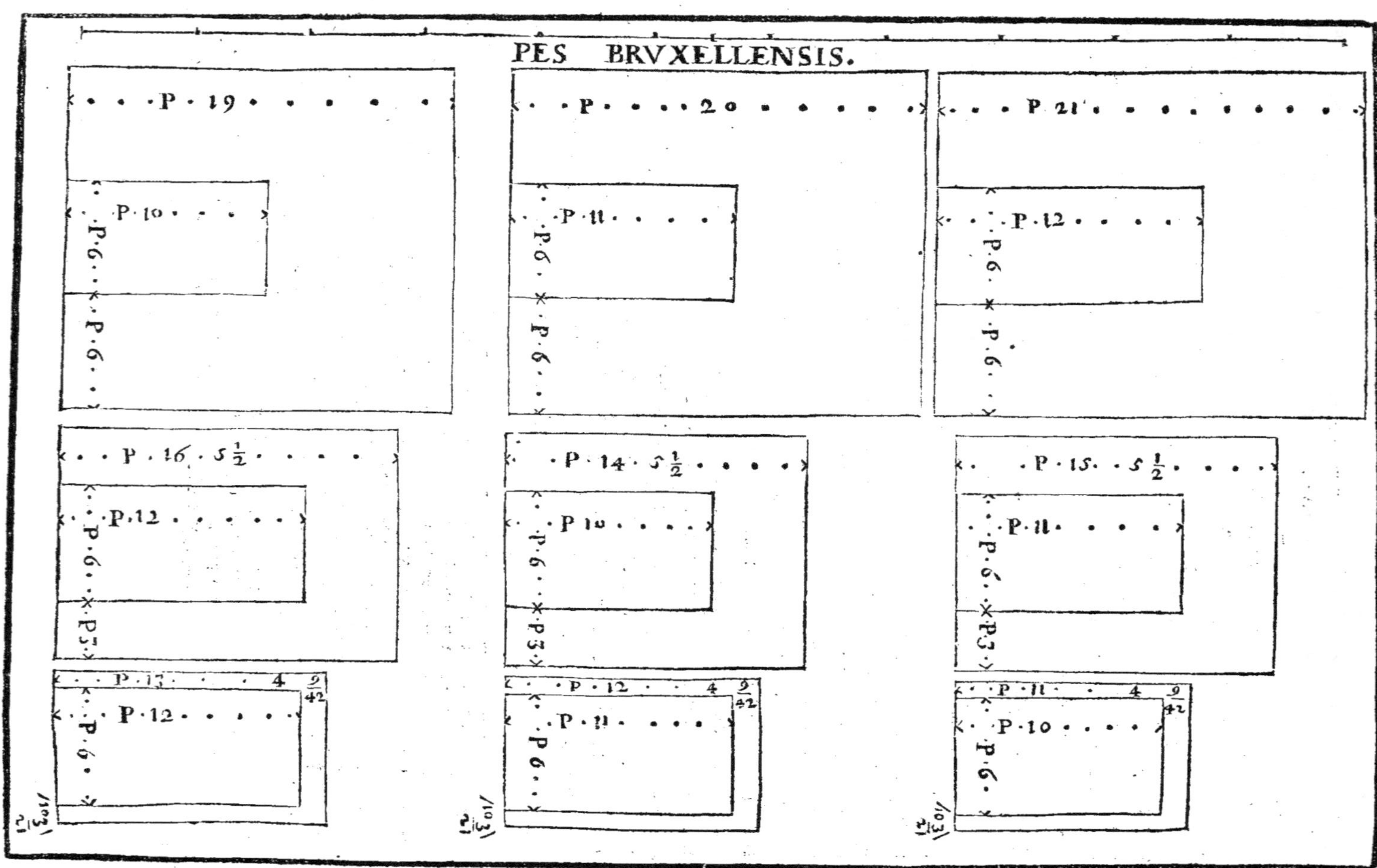

PES BRVXELLENSIS.
P. 19
P. 10
P. 6
P. 6
P. 20
P. 11
P. 6
P. 6
P. 21
P. 12
P. 6
P. 6
P. 16. 5 1/2
P. 12
P. 6
P. 3
P. 14. 5 1/2
P. 10
P. 6
P. 3
P. 15. 5 1/2
P. 11
P. 6
P. 3
P. 13
4
9/42
P. 12
P. 6
103/21
P. 12
4
9/42
P. 11
P. 6
103/21
P. 11
4
9/42
P. 10
P. 6
103/21

EXPLICATIO NVMERORVM.

NOn *sine ratione, Pede Bruxellensi hîc vsus sum: licet parum difficilis sit, propter partitionem in partes vndecim; sed nihil refert, nec hoc opus nostrum tangit. Vt autem Portarum sequentium numeros intelligas, attende. Primus numerus qui sequitur P. pedes designat; secundus pollices, tertius fractiones pollicum. verbi gratiâ, P. 4. 3. ⅘ hoc est, pedes quatuor, pollices tres, & quatuor quincunces. & hoc retine. Sed vbi numerus inter duos hamos fuerit sine P. tunc semper prior designabit pollices, & posterior (si sit) fractiones pollicum. ecce, ‹9. ¾› id est, pollices nouem, & tres quadrantes.*

EXPLICATION DES NOMBRES.

POVR quelques raisons me suis seruy de nostre pied de Bruxelles, encores qu'il soit difficil, pour estre party en onze. Toutesfois celà ne touche n'y altere nostre ouurage. Les nombres de quoy sont marquez les suiuantes portes, sont. Le premier nombre qui suit le P. sont pieds, le second sont poulces, & les fractions sont fractions de poulce, comme par exemple. P. 4. 3. ¾. pieds quatre, trois poulces, & quatres cinquiemes de poulce. & de telle façon se doibuent entendre les suyuans nombres. Mais quand il y aura vn nombre entre deux fleches, sans la lettre P. seront poulces, & s'il y a fractions, seront fractions de poulce. exemple ‹9. ¾› neuf poulces, & trois quarts de poulce.

WTLEGGHINGHE VANDE CYPHERS.

OM sommighe redenen / heb ick den Brusselschen voet hier willen ghebruycken / nyettegenstaende dat hy moeyelijck is / doordat hy in elff ghedeylt wordt. Maer ons nochtans nyet letten en can. Die cyphers waermede dese Poorten ghetreckent zijn / zijn dese. D'eerste dat naer die P. volght / zijn voeten. tweede / zijn dupmen. Die gebroken / zijn ghedeelten van dupmen / exempel. P. 4. 3. ¾. is te segghen / vier voeten / dry dupmen / ende vier vijffde-deelen van eenen dupm. Ende soo moeten die naervolgende cyphres verstaen worden. Maer als daer eenich ghetal sal commen tusschen twee pijlkens sonder P. dat sullen wesen dupmen / ende die gebroken / ghedeelten van eenen dupm / exempel. ‹9. ¼› dat is / neghen dupmen / ende dry vierendeelen van eenen dupm.

EXPLICATION DE LA PREMIÈRE PORTE.

CE qu'est vne Porte & ornemens, est dict au proeme. Doncques commenceray par ceste. Les proportions de laquelle sont assez euidentes par ses nombres. Toutesfois sera la plus basse (selon sa proportion) qui se pourra faire d'ordre Doricque. Les particularitez des cornices, chapiteaux, & des bases, demonstreray en plus grande forme au fueillet vi. auec ceste note ✚ & nombres. I'ay mis cy-deuant l'explication des nombres & le pied.

WTLEGGHINGHE VANDE EERSTE POORTE.

WAT een Poorte es ende chiraten / is genoech vuptghelept inde voor-redene. Soo dat ick van dese Poorte sal beginnen / wyens proportie men ghenoech mercken can vupt die cpphers. Ende sal (naer proportie) die neerste zijn / diemen maecken sal op de ordre Dorico. Alle die particulariteyt oft eyghentheyt des lijsten / Capiteellen / en basen / sal ick in grooter forme bewysen opt vi. blat met dit teecken ✚ ende cpphers. Oock heb ick te vooren ghegheuen die explicatie vande cpphers ende die voetmaet.

Quæ ad architecturę ornatùm et portarùm spectant, in proœmio dixi . modò ab hac incipiam:
cuius proportio ex nùmeris ſuis ſatis erit euidens . altitúdine tamen minima erit earum(proportione ſeruatâ)
quas fieri uelim Doricé. Quicquid singulare Cornicis, capitelli et basis, in maiori formâ oſtendam fol.VI .
cum ſuis nùmeris et notâ ‡ Prius nùmeros dedi et totius operis mensuram, quā vùlgó pedem vocant.

II.

CEſte Porte ſe pourra faire ainſi, & ſi la voulez agrandir, obſeruerez ſes proportions, comme par exemple, P. VI. de largeur : aura P. 10. 8. $\frac{4}{5}$ de hauteur. Les membres & ornemens croiſteront a l'aduenant. La raiſon pourquoy l'on peut rompre le frontiſpice, diray-ie au liure IIII. & enſemble leur hauteur. Adiouſtray auſſi comme l'on peut garder le ſueil d'en haut de ſe rompre. Les tablettes ſeruiront pour les inſcriptions. Les membres principaux auec la note O. trouuerez au fueillet VI.

Le profil eſt pris ſur la ſecation du milieu de la porte, comme de quelques autres qui s'enſuiuront, marquées auec la note ☞

DEſe Poorte ſuldp op deſe maniere naervolghen / ende ſoo wanneer dat ghpſe grooter maeckt / ſuldp die proportie houden : te weten / P. VI. breede / ſal hebben P. 10. 8. $\frac{4}{5}$ inde hooghde. Die leden oſt chiraten ſullen naer aduenant waſſen. Waerom dat die frontiſpicien ghebroken moghen zijn / ende van wat hooghde / ſal ick inden vierden boeck ſegghen. Bp-vueghende hoe datmen den Opperdorpel bewaren ſal van alle ſcheuren ende breken. Die tabletten ſullen dienen totte inſcriptien. De principaelſte leden van deſe Poorte met het teecken O. ſuldp vinden fol. VI.

Het perfil van deſe Poorte (ghelijck oock van ſommighe die met dit teecken ☞ ghemerckt zijn) es ghenomen wt de Poorte inde middel doorgheſneden.

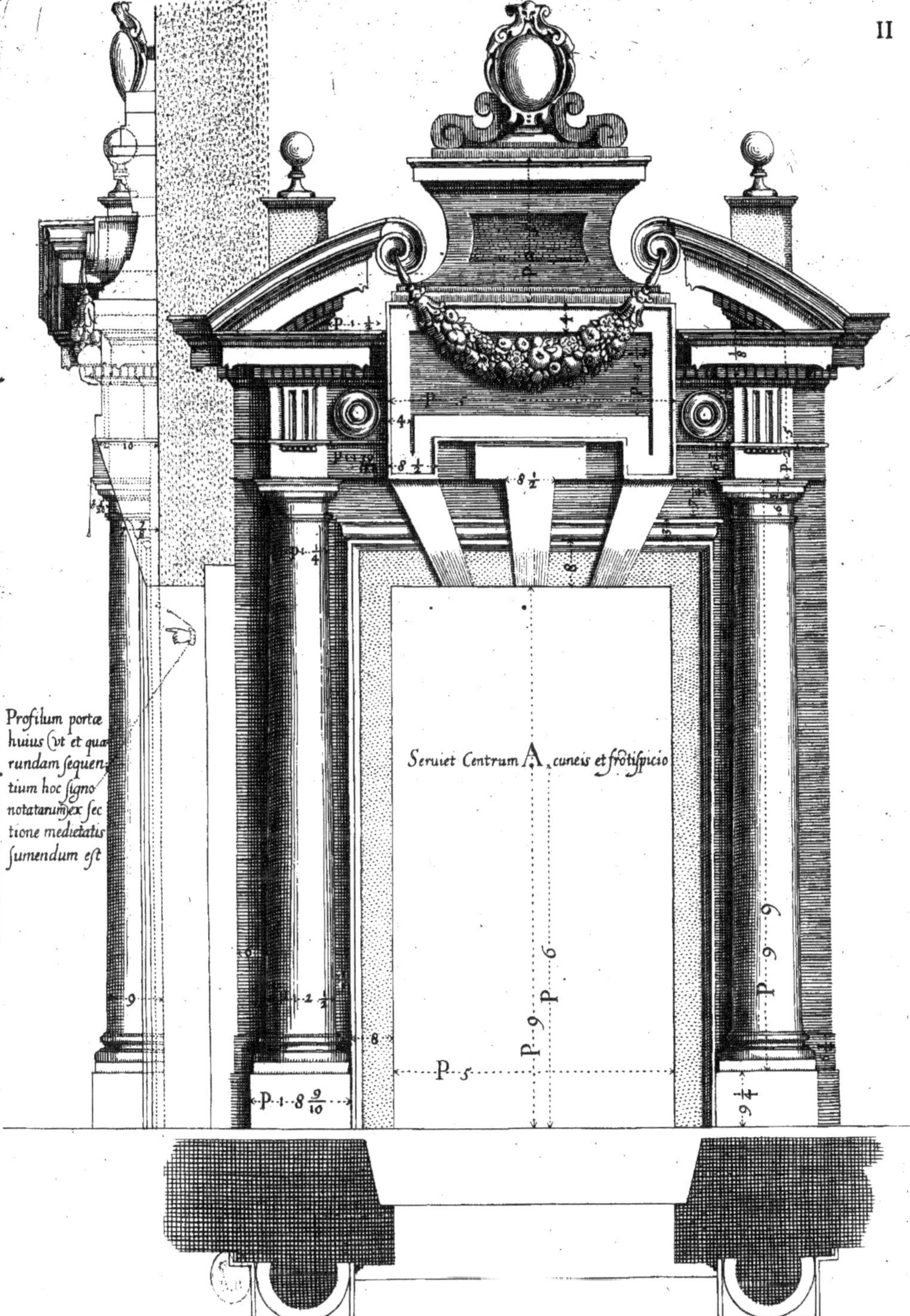

Hanc sic imitare. uel si maiorem facies, proportionem seruabis. ut, si latitudo sit pedum sex, altitudo
sit. P. 10.8 ⅘ Membra cætera pariter excrescant. Cùr autem frontispicia diuulsa et disrupta esse possint,
et qualis eorundem altitudo, libro quarto docebo. Addam quomodo ab omni ruptura supercilium ser-
uabitur. Tabulæ cuicùmque inscriptioni seruient. Præcipua huius portæ membra et Notam reperies fol. VI.

III.

PArce que dans les ruës estroictes il ne conuient faire grandes proiectures pour raison que au second liure monstreray ; i'ay faict ceste-cy & aucunes aultres qui suyuent, desquelles l'on se pourra seruir en tels lieux. Les colonnes enfoncées ont esté mises en œuure de Michel-Angel Bonarota, les ayant veu à vne sepulture pres de Rome viâ Appiâ.

ENde om datmen in enghe straten gheen groote vuptspronghen maecken en mach (om redenen die ick inden tweeden boeck sal thoonen) heb ick dese met sommighe andere die volghen ghemaeckt die in sulcken plaetsen connen dienen. Die colonnen innetwaerts gaende heeft ghebruyckt Michael-Angel Bonarota / die ghesien hebbende in een oude sepulture by Roome viâ Appiâ.

Quia vero in plateis angustioribus ab omni maiori proiecturâ cauere oportet(propter rationes libro secundo dandas) hanc cum quibusdam propono, quæ similibus locis aut plateis conuenient. Columnis in murum euntibus usus est Michael Bona rota, secutus sepulchrum quoddam prope Romam in viâ Appiâ.

IIII.

CEste Porte aura les pilaſtres & chapiteaux Ionicques. Mais les chapiteaux
ſont hors de preceptes des autheurs : pource que le centre de la volute ſort
en deuant : & c'eſt pour embraſſer les ouales , leſquels autrement reſteroyent
decouuerts. I'ay veu tels chapiteaux antiques à Rome au Mont-Auentino à Sainct
Alexe.

DEſe Poozte ſal de pilaſters ende capiteelen hebben op de maniere Jonico. Maer de capiteelen
zijn buyten de leeringhe vande autheurs : aengheſien dat het centre vande croſſen voozwaerts compt.
D'welck is om die oualen oſt eperen te beuanghen : want die anderſſins ſouden bloot blyuen.
Sulcken capiteelen heb ick te Roome geſien antique op den berch Auentino inde kercke van Sinte Alexis.

Hæc porta habebit pilas et epiſtylia Ionice'. Sed epiſtylia, authorum præcepta non ſequuntur, quia ſcilicet centrum volutæ eminet. Quod ideo fit, vt ouália complecti poſsint, aliter intecta remanſura. His ſimilia antiqua Romæ vidi ad S. Alexium in monte Auentino.

V.

ON vſe en Italie & ailleurs au deſſus d'aulcunes portes de balcons ou appuys, fort commodieux pour prendre la freſcheur, & facilement veoir les paſſans. Et pour vous monſtrer comment qu'elles ſe font, i'ay mis icy ceſte, & vne aultre de façon ruſticque fol. xviij.

MEn ghebꝛupckt in Italien ende elders / uptſpꝛonghen oft lenen bouen ſommighe Pooꝛten / ſeer gerieffelijck om locht te ſcheppen / ende het volck te ſien paſſeren. Soo dan om u duſdaenighe te thoonen / heb ick deſe hier ghevueght / ende noch eene ruſtpcke fol. xvuj.

P · 3 · 1½
P · 1
5½
P · 11
13
9½
P · 7
P · 6½
9½
P · 9 61/90
P · 10 61/90
3 1/18
Podiorum in Italiâ et alibi frequens eſt uſus, tam gratiâ
ſpectandi, quam se reficiendi. ut ergo modum horum vi-
deas, huic portæ podium superaddidi, item et uni ruſticæ
fol. 18.

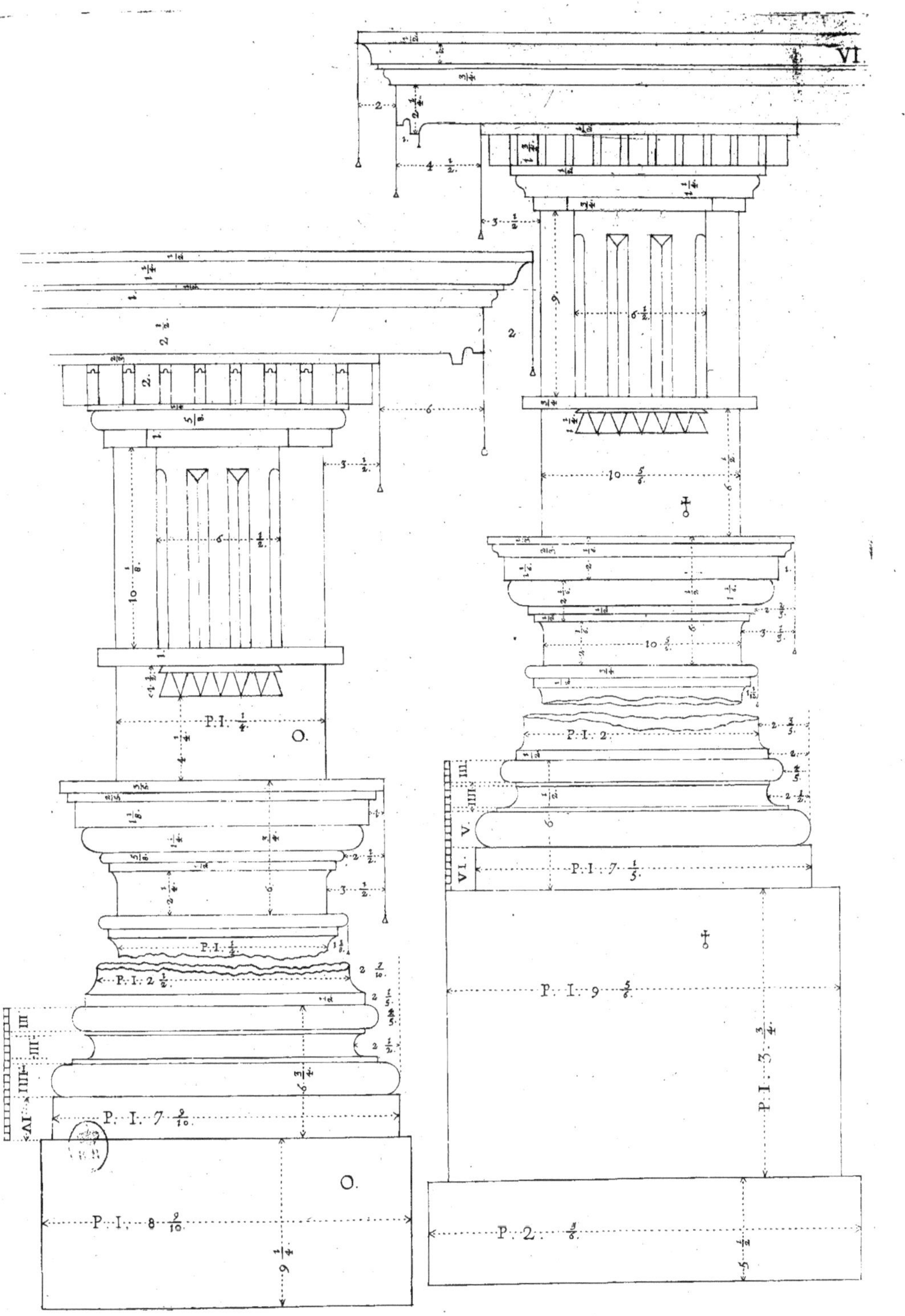

VI
O.
P.I. 1 ¼.
P.I. 1 ½.
P.I. 2 ½.
P.I. 7 9/10.
P.I. 8 9/10.
P.I. 2.
P.I. 7 1/5.
P.I. 9 5/6.
P.I. 5 ¾.
P. 2 3/5.

VII.

ET parce que les Portes peuuent estre ornées sans colonnes; ay-ie mis ceste & quelques autres, qui se pourront nommer composées.

Ende om dat de Poorten cunnen verchiert worden sonder colomnen; heb ick dese ghelet ende sommighe andere / diemen noemen mach composita.

Quia vero etiam fine columnis portę fuum ornatum habere poſsunt, hanc cum
quibuſdam ſubiunxi, quas licebit vocare compoſitas.

VIII

IX.

L'On pourra aggrandir ceſte porte en adiouſtant iuſtement au mitan de ladicte porte, ce qu'y voulez croiſtre. Tellement que la tablette ſera prolongée, & ce qui vient derriere l'eſcuſſon s'eſlargira. La cornice & ſueil s'alongeront, ſans toutesfois alterer ou changer en haulteur aucun autre membre ou cornice. Parce qu'il eſt neceſſaire d'ainſi faire: aultrement ſi l'on croiſſoit proportionellement; les cornices & leurs proiectures deuiendroyent fort grandes & incomportables. Donc-ques toutes portes qui ne tiennent ſubiection de colonnes ou coings, ſe peuuent croiſtre & diminuer en ladicte façon. La haulteur ſe croiſtera au bas de ladicte Porte.

Men can deſe Poorte vergrooten / bybueghende inde middel t'ghene ghy wilt dat ſy vergroot: Soo dat het ſchrpfbert oft tablet ſal verlinghen/ende dat achter het ſchildeken compt ſal verbreeden. De cornice ende ouerdorpel ſullen verlenghen: ſonder nochtans de cornice oft eenich ander litmaet te veranderen inde hoochde: aengheſien het nootſaeckelijck is ſoo te doen. Anderſſins darmen ghelijckelijck ende naer proportie ginck; die lepſten ende haer buptſpronckſels ſouden ſeer groot eñ onredelijck worden. Soo dan die Poorten die aen gheen colomnen ſubiect en zijn / noch aen ſluptſteenen; can men minderen ende vermeerderen op deſe voorſ. maniere. De hoochde ſal vergrooten aen d'onderſte vande voorſ. Poorte.

Qui maiorem portam hanc faciet, præcise medio quod uolet addet. Tabulam uero prolongabit, et ea quæ retro scutum sunt, dilatabit. Coronam
et limen producet, non extollet. si enim proportionaliter omnia excrescerent, corona et eius proiecturæ propter magnitudinem defi
cerent. Ergo portæ quæ neque cuneos neq; columnas habent, hoc modo minuentur uel producentur. Altitudo portæ crescet inferius

X.

ON pourra faire ceſte plus baſſe d'vn pied, coupant les ertes ou pilaſtres collate-
raux par le bas. Les ornemens viennent a finir iuſtement ſoubs le ſueil de la feneſtre. Mais en cas que la feneſtre fuſt plus haulte, on pourra adiouſter au deſſus de la tablette quelques roulleaux ou autres finimens. Les trois coings qui ſont
la clef, ſeront d'vne piece, pour mieux ſouſtenir le poix du ſueil de la Porte.

MEn can deſe Poorte eenen voet neder maecken / onder affnemende die ſyde-pilaſters. Die chirae-
ten comen tot teghen den venſter-doppel / ende want die venſter hoogher waer / can men bouen
het ſchrijf-bert eenighe crollen oft anderſſins by-vueghen. Die drye beytels die den ſlupt-ſteen
maecken ſullen van een ſtuck zijn / om het ghewicht vanden opperdoppel beter te draeghen.

Poterit porta hæc uno pede humilior aut demißior fieri, si ertis quod decet inferius abstrahas. Ornamenta
limen fenestræ tangunt. quod si illa altior sit, uolutas aut quid simile tabulæ superaddes. Cunei
tres ex lapide uno fient, ut pondus liminis melius sustineatur.

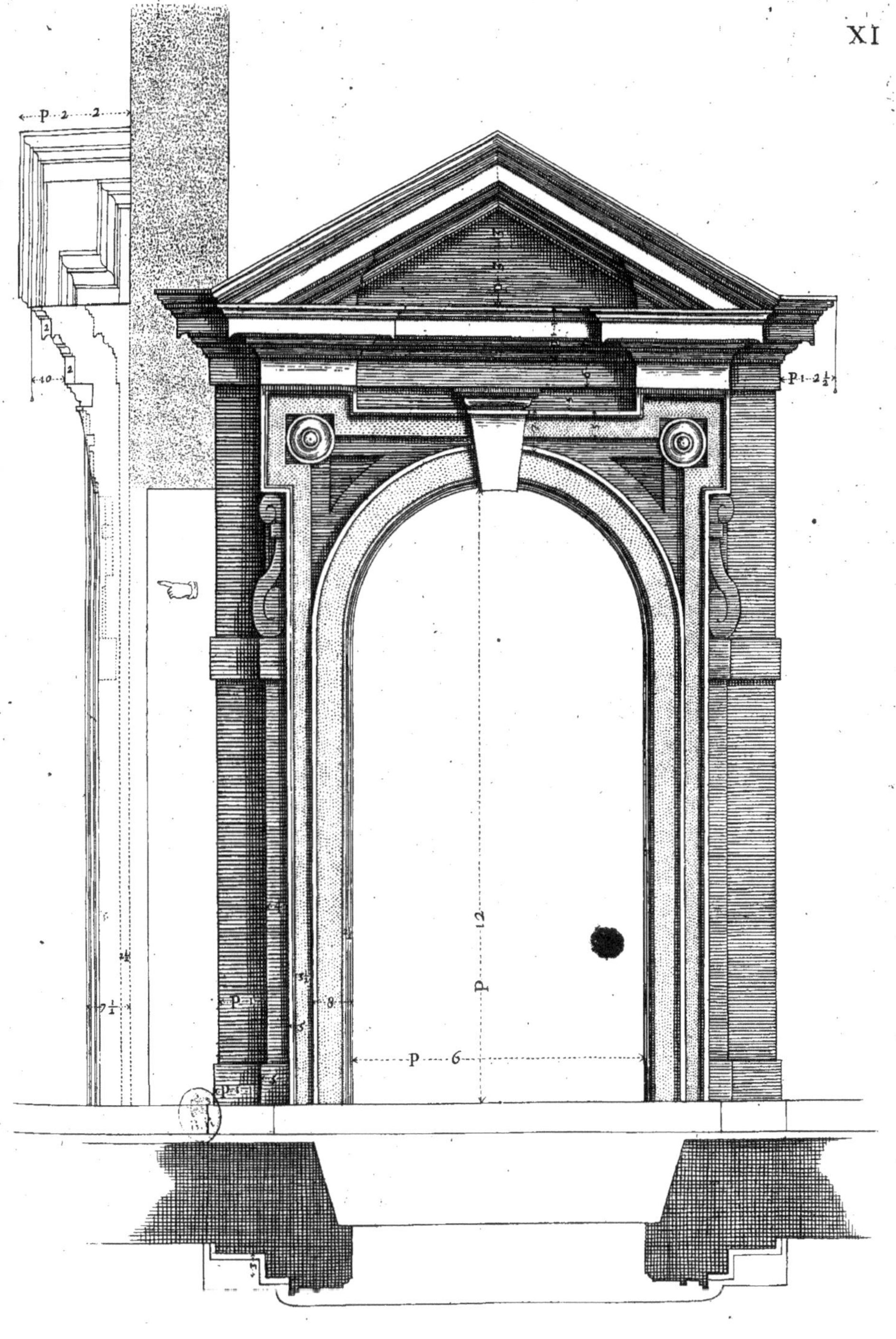
P. 2. 2
P. 1. 2½
P. 1.
P. 12
P. 6

XI

XII.

IE conseille de faire cest escusson auec ses cordons de cuiure, & de les cram-ponner à la muraille.

D.Esen schilt hier bouen ghestelt met de snoeren / soude ick raeden ghemaeckt te worden van co-pere / ende sullen van achter inden muer met crampen vast ghemaeckt worden.

Consulo scutum hîc et appendentia ex ære fieri, et muro adpingi.

XIII.

EN cas que les portes estants closes, on requiert de lumiere, ay-ie mis vne feneſtre ſur ceſte , & à quelques aultres ſuiuantes. Mais ſi voulez aggrandir ladiᶜte Porte, la cornice ne croiſtera en haulteur ni en proiecture , pour raiſons alleguées fol. ix.

Het ghebeurt ſomtijts dat van binnen licht ghebꝛeckt / als die deuren gheſloten zijn ; ſoo heb ick bouen deſe ende bouen ſommighe naervolghende Pooꝛten een venſter ghemaeckt. Ende want ghy de Pooꝛte gꝛooter hebben wilt / ſoo en moocht ghy nochtans die coꝛnice inde hoochde noch den buptſpꝛonck npet vergꝛooten / om redene int iꝗ. blat vermelt.

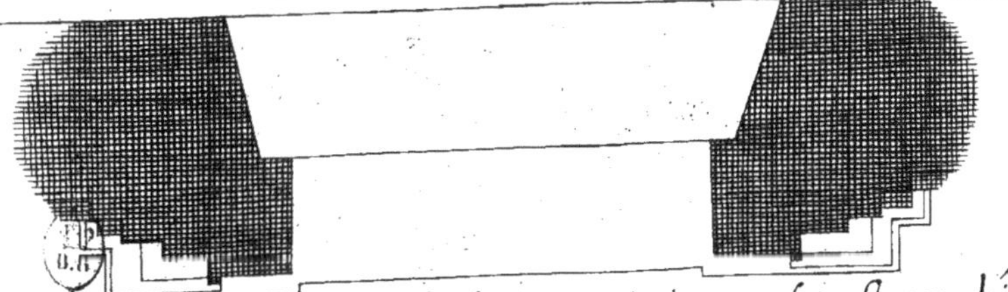

Quia sæpe contingit, ut oſtrijs clauſis, lumen requiratur, feneſtram hîc
ſuperius addidi. Et ſi maiorem(portam) facis, coronix tamen in altitudine
et proiecturis crescere non debet, propter rationem dictam fol. IX.

XIIII.

ON trouueroit quaſi infinité d'inuentions aggreables à la veüe, mais de grand frais. Et pour obuier a celà, voicy vne Porte ayant vne feneſtre au deſſus, qui ne ſera de grand deſpens.

MEn ſoude ſeer veel inuentien maecken / aenghenaem int gheſicht / maer van grooten coſte. Daerom heb ick hier eene ghemaeckt met eene venſter bouen / die wel thoonen ſal / ende nochtans van tamelijcken coſte.

Poßent et Portæ plurimæ oculis gratæ fingi, sed quia magnarum expensarum,
ecce hanc cum fenestra, quàm paruò sumptu tibi sumes.

XV.

Voy-cy vne façon de porte rusticque, qui se monstre bien en œuure, fort vsitées à Rome.

Dit is een maniere van rustycke Poorten / die int werck seer wel thoonen / ende zijn te Roomne veel ghebruyckt.

Hic modus operis rustici multum placet,
quare et Romæ frequentißimus.

Qve ceste porte ne s'accorde auec les proportions données ; celà aduient a cauſe de la feneſtre deſſus miſe, qui eſt comme vn ſecond corps adiouſté au premier. Voylà pourquoy qu'il eſt licite exceder en haulteur aux-dictes proportions : Pourueu, que l'on obſerue autant de maſſif entre vne lumiere & l'autre, que la largeur d'vn pilaſtre collateral ou erta. Doncques en telles ocaſions, l'Architecte aura regard à la neceſſité de la lumiere & à la place.

De redene waerom dat deſe poorte niet en accoordeert met die proportien hier voor gheſtelt / is deſe / datter bouen een venſter compt : de welcke is als het tweede lichaem aen d'eerſte bpghebuecht. Ende hierom mach-men de hoochde vande voorſchreuen proportien wel te bupten gaen / gadeſlaende dat men ſoo veel maſſpf laet comen tuſſchen d'een licht ende d'andere / als de breede vande ſpde-pilaſters. Soo dat in dugdaenighe occaſien die Bouw-meeſters oft Architecten wel moeten gaedeſlaen het licht ende die plaetſe.

Quod porta hæc proportiones dictas non seruat, fenestra facit, quæ quasi secundum corpus priori additur. Et ideo in altitudine proportiones dictas licet excedere. Sed aduerte, ut tantum solidi inter unum et alterum lumen relinquas, quantum latitudini ertarum dedisti. Ergo. Architecti in simili ocasione luminis et loci rationem habebunt.

XVII.

CEste façon de clef n'eſt point encore vſitée: neantmoins ſe monſtrera aggreable
a la veüe, & rendra l'ouurage fort. Les baſſes parties des coings collateraulx
pour mieulx aſſeurer l'ouurage, ſe feront à la meſme piece du ſueil d'enhault
de la porte, comme il eſt marqué par poincts ſur la figure. Le centre B. ſert au
frontiſpice & C. aux coings.

AL en is deſe maniere van ſlupt-ſteen noch niet veel ghebzupckt / ſal nochtans wel ſtaen int ghe-
ſichte / ende d'werck verſtercken. Het onderſte deel vande ʒijde-beptels ſalmen van het ſelfſte ſtuck
van den ouerdozpel maecken / ghelijck het met poincten inde figure gheteeckent ſtaet. Het centrum B. is tot het frontiſpicie oft cozonement / ende C. totte beptels.

Licet hic cuneorum modus non sit in usu, placebit tamen, et fabricam firmabit:
quorum partes quę a latere sunt, fient ex eâdem parte quá limen. ut punctis
notatum uides .Centrum B. frontispicio seruit, et C. cuneis .

XVIII.

A Qui aggrée ceste porte rusticque, y desirant entrer auec charreau ou coche, procurera que la ruë soit egale auec le sueil de la porte. Et si quelqu'vn la veult faire plus grande, qu'il garde bien de l'aggrandir proportionellement.

<hr>

Oft pemant dese Poozte aenghenaem waere / om daer deur kerren oft waghens te voeren / moet gade slaen dat de strate ghelijck compt met den dozpel. Voozts die de selue grooter hebben wilt / sal alle litmaeten naer propoztie vergrooten.

Cui hæc porta operis rustici arridet, vt rhedam vel plaustrum eò agere possit,
procuret plateam cum limine et solo æquari . porro maiorem faceindo . oīa excrescāt pro rata.

CEste Porte pourra seruir pour entrer auec charreaux. Le centre A. seruira pour les neuf coings. Le centre B. pour les quatre plus bas.

DEse Poorte sal dienen om met waghenen inne te rijden. Het centrum A. dient tot de neghen opperste beytels; ende B. tot die vier nederste.

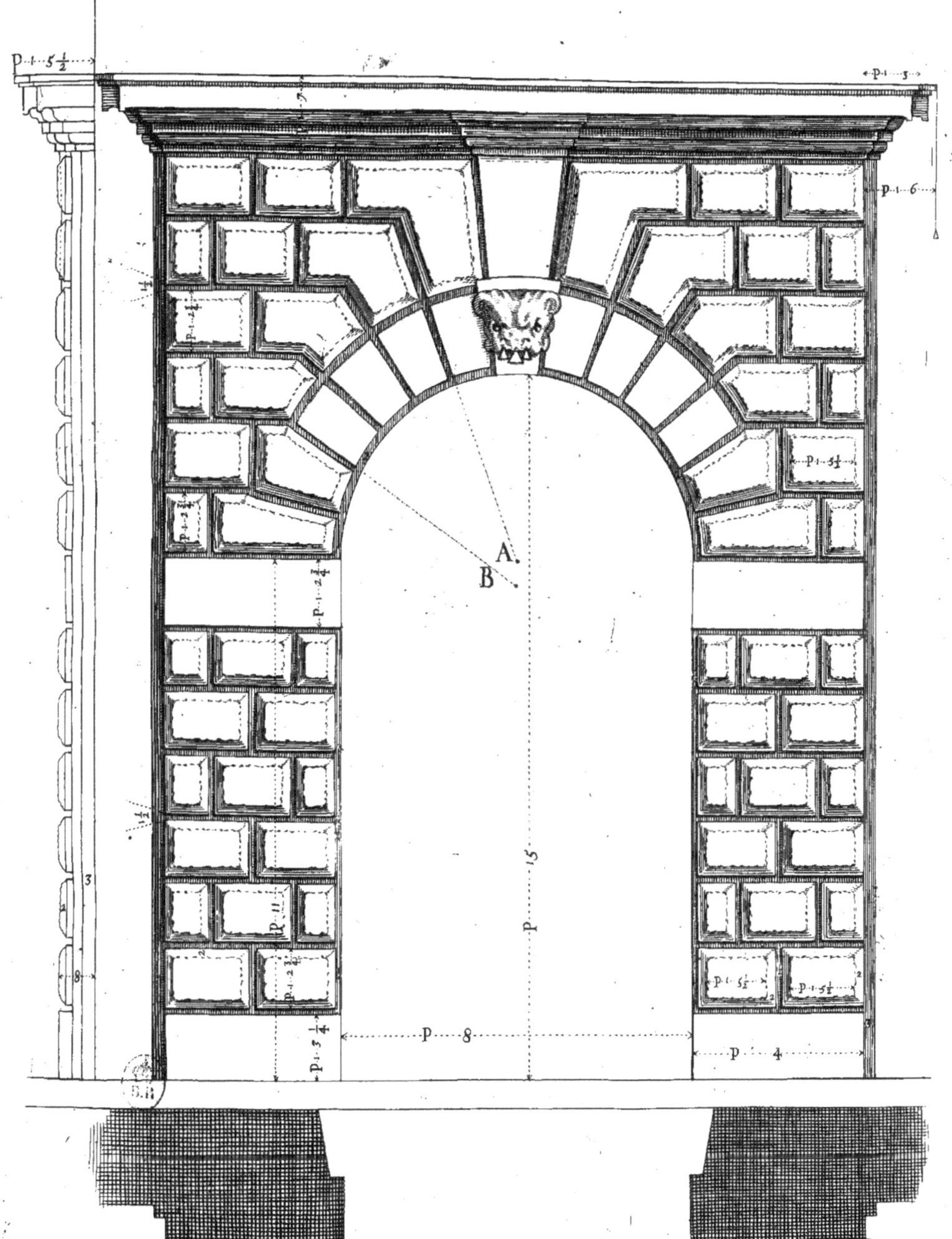

Est et hæc curribus agendis accommoda. Centrum autem *A*. nouem cuneis seruiet, *B*. verò quatuor inferioribus.

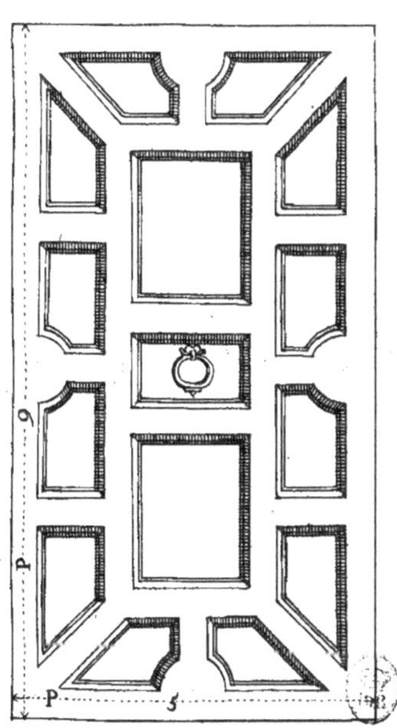
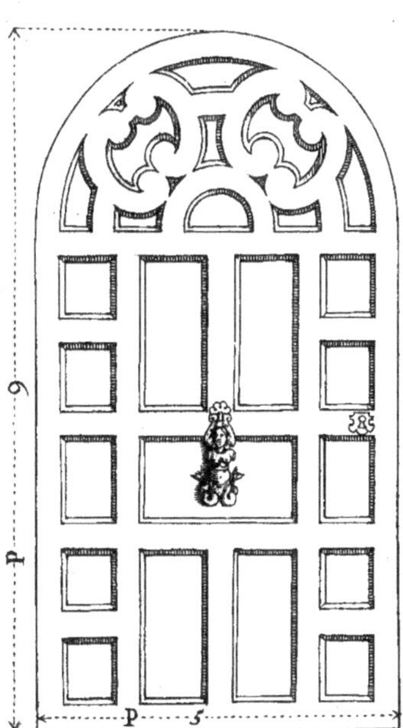

XXI.

Bien que i'aye mis des efcuffons au deffus d'aulcunes Portes , neantmoins pour la varieté , ay-ie faict ces aultres pour s'en feruir.

Al ift dat op fommighe Poorten fchildekens ftaen; nochtans om de veranderinghe / hebbe defe hier naer by ghevueght tot uwen keufe.

Et quanquam ſcuta quibusdam portis addidi, hæc nihilominus
hic adiunxi, quod et varietas delectet, et diuerſis diuerſa placeant.